Impressum
Verlag: BABADADA GmbH, Nedderfeld 112 , 22529 Hamburg
Geschäftsführer / Verlagsleitung: Harald Hof
Druck: Books on Demand GmbH, In de Tarpen 42, 22848 Norderstedt

Imprint
Publisher: BABADADA GmbH, Nedderfeld 112 , 22529 Hamburg, Germany
Managing Director / Publishing direction: Harald Hof
Print: Books on Demand GmbH, In de Tarpen 42, 22848 Norderstedt, Germany

skola
sekolah

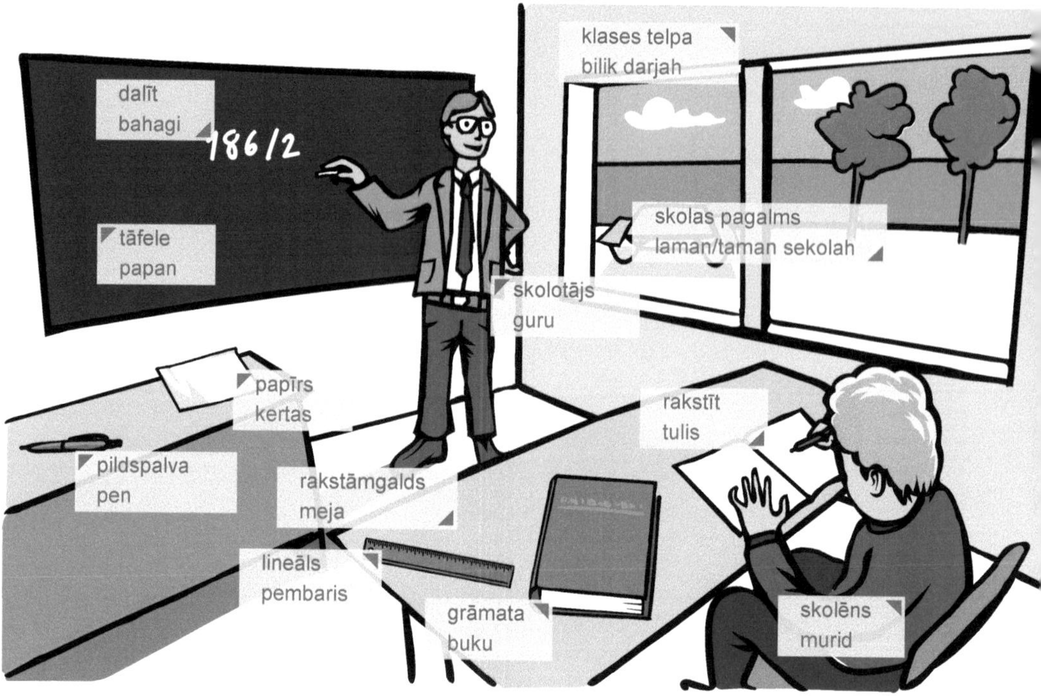
klases telpa
bilik darjah
dalīt
bahagi
186/2
tāfele
papan
skolas pagalms
laman/taman sekolah
skolotājs
guru
papīrs
kertas
rakstīt
tulis
pildspalva
pen
rakstāmgalds
meja
lineāls
pembaris
grāmata
buku
skolēns
murid

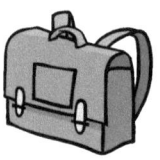

skolas soma

beg galas

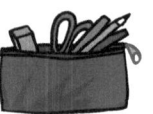

penālis

kotak pensel

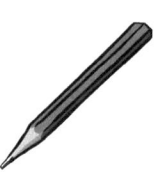

zīmulis

pensel

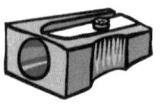

zīmuļu asināmais

pengasah pensel

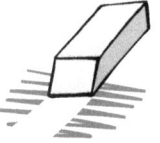

dzēšgumija

pemadam

zīmēšanas bloks

kertas lukisan

zīmējums

melukis

ota

berus lukis

krāsas

kotak warna

šķēres

gunting

līme

gam

darba burtnīca

buku latihan

mājas darbs

kerja rumah

skaitlis

nombor

saskaitīt

tambah

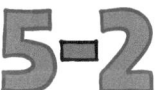

atņemt

tolak

reizināt

darab

rēķināt

kira

burts

huruf

alfabēts

abjad

vārds

kata

teksts

teks

lasīt

baca

krīts

kapur

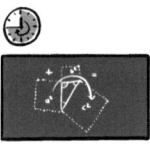

mācību stunda

pelajaran

žurnāls

daftar

eksāmens

peperiksaan

liecība

sijil

skolas forma

uniform sekolah

izglītība

pendidikan

enciklopēdija

ensiklopedia

universitāte

universiti

mikroskops

mikroskop

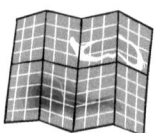

karte

peta

papīrgrozs

bakul sampah

ceļojums
berjalan

viesnīca
hotel
Grand
hostelis
asrama
ROOMS
EXCHANGE
valūtas maiņas punkts
pejabat tukaran mata wang
čemodāns
beg pakaian
automašīna
kereta

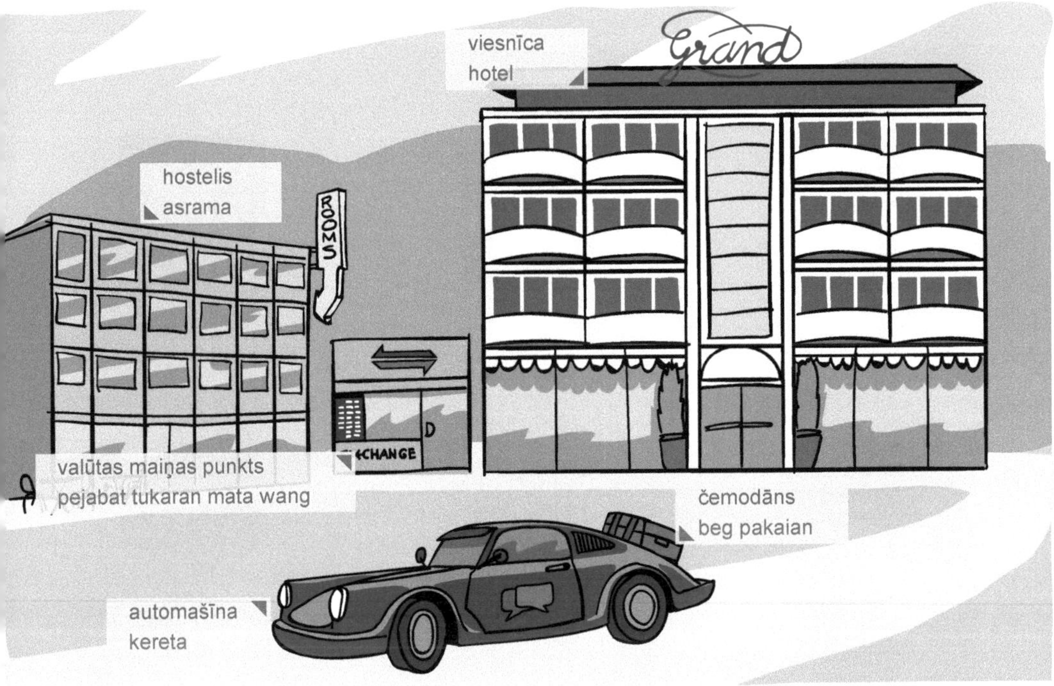

Valoda

bahasa

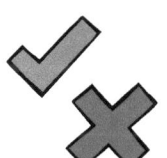

jā / nē

ya / tidak

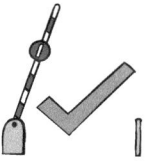

Okay

okey

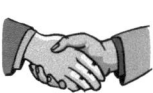

Sveiki!

helo

tulks

penterjemah

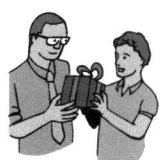

paldies

Terima kasih

Cik maksā...?

berapa banyak...?

Es nesaprotu

saya tidak faham

problēma

masalah

Labvakar!

Selamat petang!

Labrīt!

Selamat Pagi!

Ar labu nakti!

Selamat Malam!

Uz redzēšanos

selamat tinggal

virziens

arah

bagāža

bagasi

soma

beg

mugursoma

beg galas

viesis

tetamu

istaba

bilik tidur

guļammaiss

beg tidur

telts

khemah

tūrisma informācija

maklumat pelancong

pludmale

pantai

kredītkarte

kad kredit

brokastis

sarapan

pusdienas

makan tengah hari

vakariņas

makan malam

biļete

tiket

lifts

lif

pastmarka

setem

robeža

sempadan

muita

kastam

vēstniecība

kedutaan

vīza

visa

pase

pasport

transports
pengangkutan

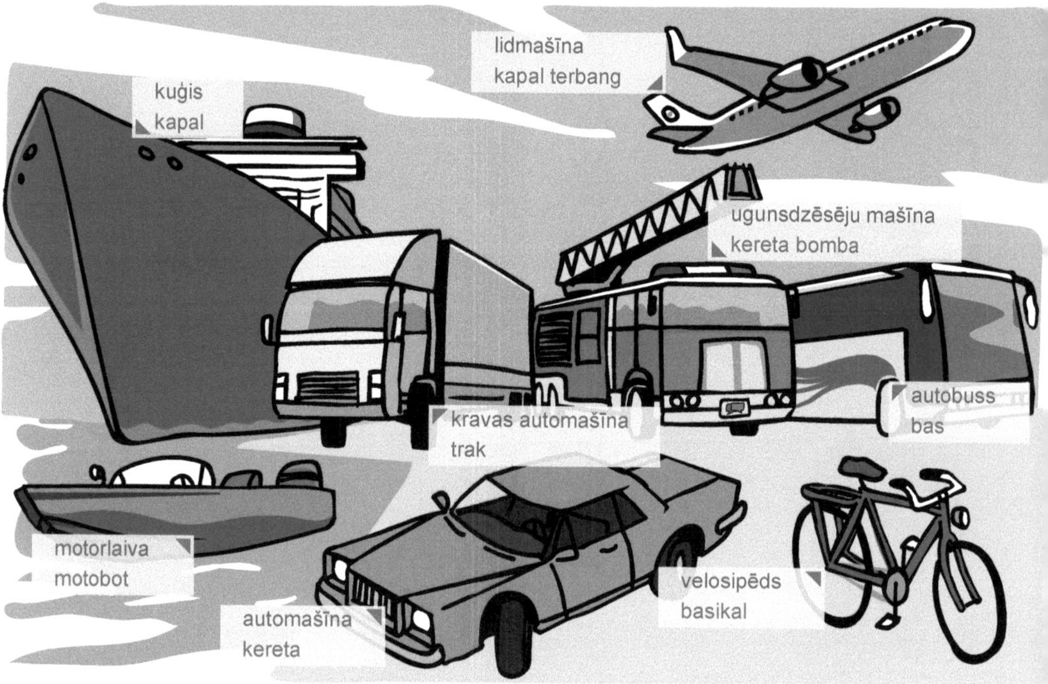
lidmašīna
kapal terbang
kuģis
kapal
ugunsdzēsēju mašīna
kereta bomba
autobuss
bas
kravas automašīna
trak
motorlaiva
motobot
velosipēds
basikal
automašīna
kereta

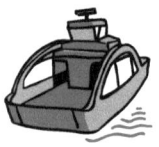

prāmis

feri

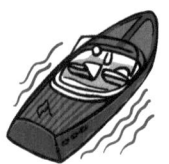

laiva

bot

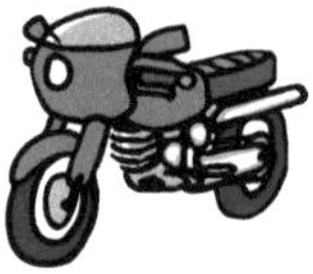

motocikls

motosikal

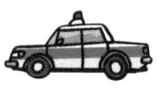

policijas automašīna

kereta polis

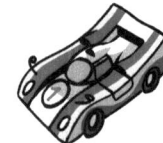

sacīkšu automobilis

kereta lumba

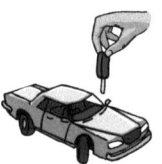

nomas auto

kereta sewa

auto koplietošana

berkongsi kereta

evakuators

trak tunda

atkritumu mašīna

trak menolak

dzinējs

motor

benzīns

bahan api

degvielas uzpildes stacija

stesen minyak

ceļa zīme

tanda trafik

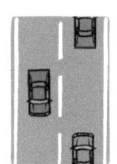

satiksme

trafik

sastrēgums

kesesakan lalu lintas

stāvvieta

tempat parkir

dzelzceļa stacija

stesen kereta api

sliedes

trek

vilciens

kereta api

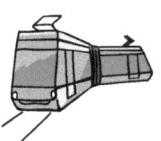

tramvajs

trem

vagons

gerabak

helikopters

helikopter

lidosta

lapangan terbang

tornis

Menara

pasažieris

penumpang

konteiners

bekas

kaste

kadbod

ratiņi

kart

grozs

bakul

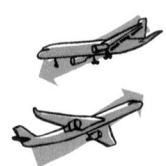

pacelties / nosēsties

berlepas / mendarat

pilsēta

bandar

ciems

kampung

pilsētas centrs

pusat bandar

māja

rumah

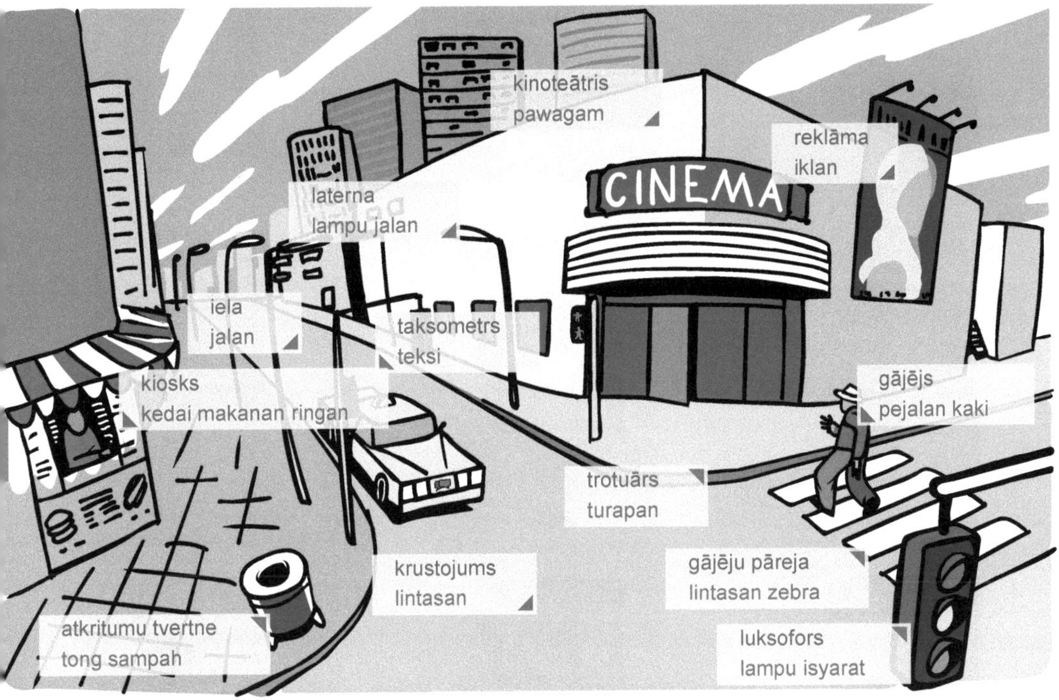

kinoteātris
pawagam

reklāma
iklan

laterna
lampu jalan

CINEMA

iela
jalan

taksometrs
teksi

gājējs
pejalan kaki

kiosks
kedai makanan ringan

trotuārs
turapan

krustojums
lintasan

gājēju pāreja
lintasan zebra

atkritumu tvertne
tong sampah

luksofors
lampu isyarat

būda
pondok

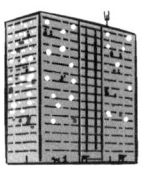

dzīvoklis
flat

dzelzceļa stacija
stesen kereta api

rātsnams
dewan bandar

muzejs
muzium

skola
sekolah

universitāte

universiti

banka

bank

slimnīca

hospital

viesnīca

hotel

aptieka

farmasi

birojs

pejabat

grāmatnīca

kedai buku

veikals

kedai

ziedu veikals

kedai bunga

lielveikals

pasar raya

tirgus

pasaran

tirdzniecības centrs

gedung

zivju tirgotājs

penjual ikan

tirdzniecības centrs

pusat membeli-belah

osta

pelabuhan

parks
taman

sols
bangku

tilts
jambatan

kāpnes
tangga

metro
bawah tanah

tunelis
terowong

autobusa pieturvieta
hentian bas

bārs
bar

restorāns
restoran

pastkastīte
peti surat

ielas nosaukuma plāksne
papan tanda jalan

stāvlaika skaitītājs
meter parkir

zooloģiskais dārzs
zoo

peldbaseins
kolam renang

mošeja
masjid

zemnieku saimniecība

ladang

vides piesārņojums

pencemaran

kapsēta

tanah perkuburan

baznīca

gereja

spēļu laukums

taman permainan

templis

kuil

ainava
landskap

lapa
daun

ceļrādis
tiang tanda

ceļš
jalan

pļava
padang rumput

akmens
batu

koks
pokok

ceļotājs
pejalan kaki

upe
sungai

zāle
rumput

puķe
bunga

ieleja

lembah

kalns

bukit

ezers

tasik

mežs

hutan

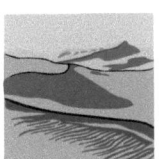

tuksnesis

padang pasir

vulkāns

gunung berapi

pils

istana

varavīksne

pelangi

sēne

cendawan

palma

pokok kelapa sawit

moskīts

nyamuk

muša

terbang

skudra

semut

bite

lebah

zirneklis

labah-labah

vabole

kumbang

varde

katak

vāvere

tupai

ezis

landak

zaķis

arnab

pūce

burung hantu

putns

burung

gulbis

angsa

meža cūka

babi jantan

briedis

rusa

alnis

moose

aizsprosts

empangan

vēja ģenerators

turbin angin

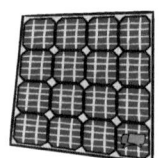

saules baterija

panel solar

klimats

iklim

restorāns
restoran

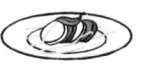

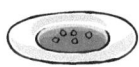

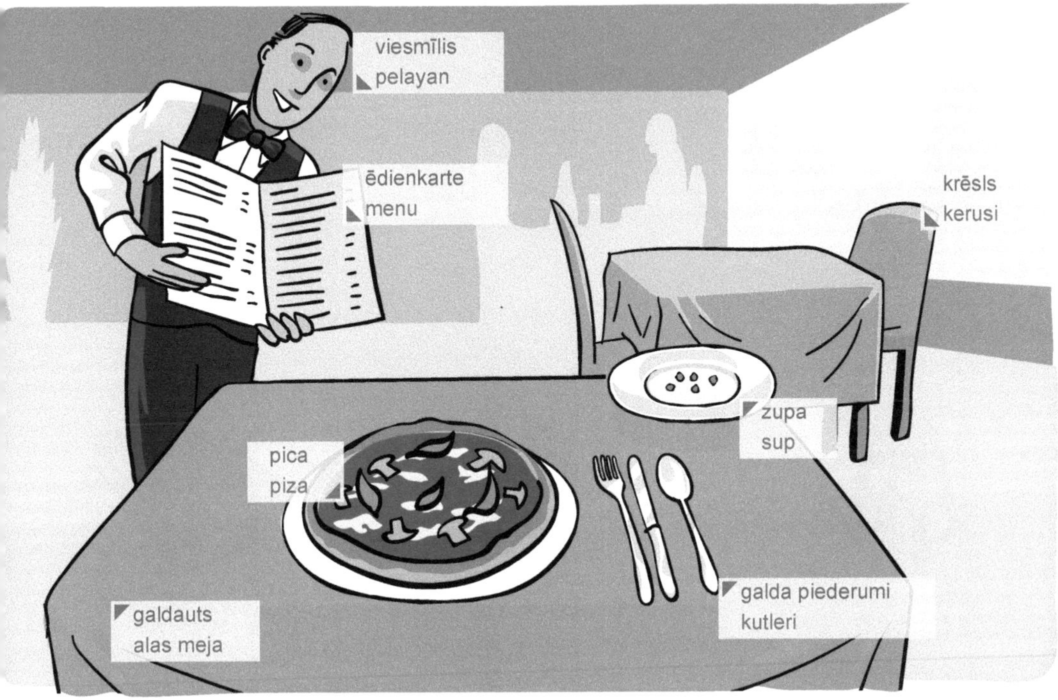
viesmīlis
pelayan
ēdienkarte
menu
krēsls
kerusi
zupa
sup
pica
piza
galda piederumi
kutleri
galdauts
alas meja

uzkoda

pemula

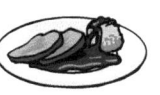

pamatēdiens

hidangan utama

deserts

pencuci mulut

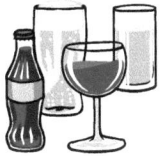

dzērieni

minuman

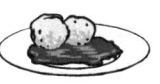

ēdiens

makanan

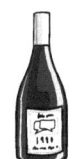

pudele

botol

ātrās uzkodas

makanan segera

ielu uzkodas

makanan jalanan

tējkanna

teko

cukurtrauks

mangkuk gula

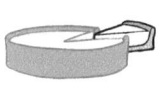

porcija

bahagian

espresso kafijas automāts

mesin espreso

bāra krēsls

kerusi tinggi

rēķins

bil

paplāte

dulang

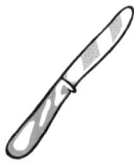

nazis

pisau

dakša

garfu

karote

sudu

tējkarote

sudu teh

salvete

serviette

glāze

gelas

restorāns - restoran

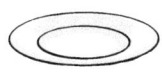

šķīvis
pinggan

zupas šķīvis
mangkuk sup

apakštase
piring

mērce
sos

sāls trauciņš
tempat garam

piparu dzirnaviņas
pengisar lada

etiķis
cuka

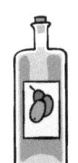

eļļa
minyak

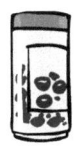

garšvielas
rempah

kečups
sos

sinepes
mustard

majonēze
mayones

lielveikals

pasar raya

piedāvājums
tawaran istimewa
FOR
klients
pelanggan
piena produkti
tenusu
augļi
buah-buahan
iepirkumu ratiņi
troli

BUTCHERS

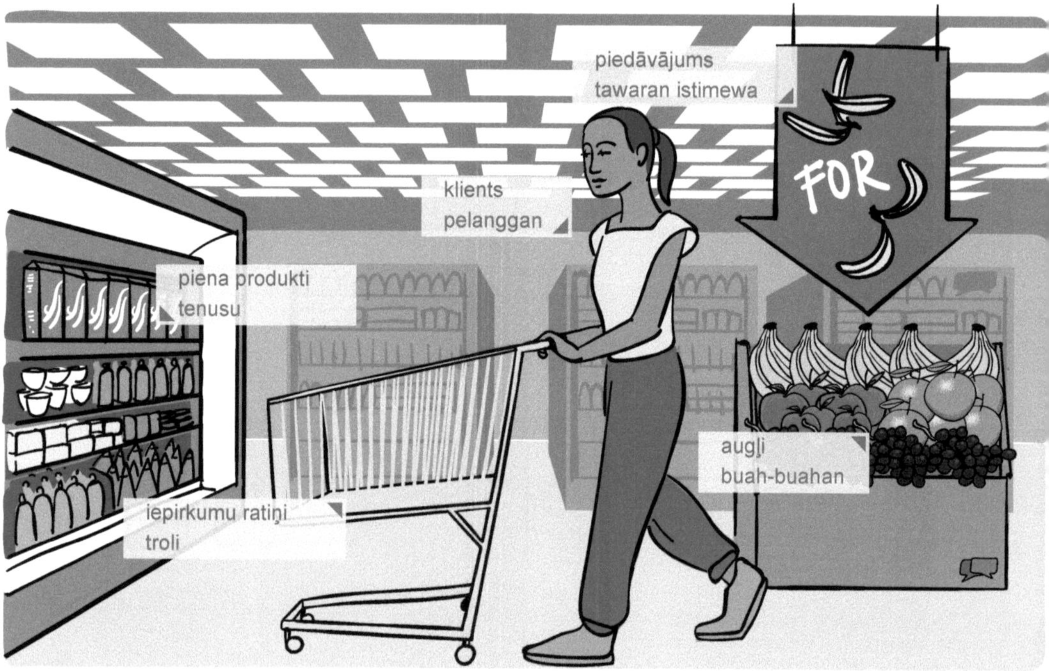

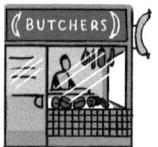

kautuve

tukang daging

BAKERY

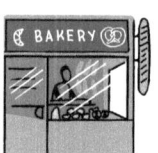

maizes veikals

kedai roti

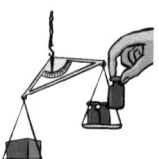

svērt

berat

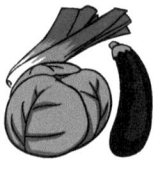

dārzeņi

sayur-sayuran

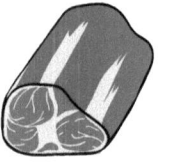

gaļa

daging

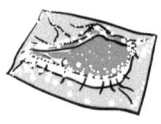

saldēti produkti

makanan sejuk beku

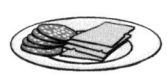

aukstās gaļas uzkodas

daging sejuk

konservi

makanan dalam tin

pulveris

serbuk pencuci

saldumi

gula-gula

mājsaimniecības preces

produk isi rumah

tīrīšanas līdzeklis

produk pembersihan

pārdevēja

orang jualan

kase

daftar tunai

kasieris

juruwang

iepirkumu saraksts

senarai membeli-belah

darba laiks

waktu pembukaan

maks

beg duit

kredītkarte

kad kredit

soma

beg

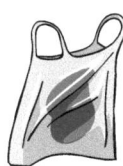

maisiņš

beg plastik

ūdens
air

sula
jus

piens
susu

kola
kola

vīns
wain

alus
bir

alkohols
alkohol

kakao
koko

tēja
the

kafija
kopi

espresso
espreso

kapučīno
kapucino

banāns

pisang

ābols

epal

apelsīns

oren

melone

tembikai

citrons

lemon

burkāns

lobak merah

ķiploks

bawang putih

bambuss

buluh

sīpols

bawang

sēne

cendawan

rieksti

kacang

makaroni

mi

spageti

spageti

rīsi

nasi

salāti

salad

frī kartupeļi

kerepek

cepti kartupeļi

kentang goreng

pica

piza

hamburgers

hamburger

sviestmaize

sandwic

šnicele

kutlet

šķiņķis

ham

salami

salami

desa

sosej

vista

ayam

cepetis

panggang

zivs

ikan

auzu pārslas

bubur oat

muslis

muesli

brokastu pārslas

emping jagung

milti

tepung

radziņš

kroisan

brokastu maizītes

roti roll

maize

roti

tostermaize

roti bakar

cepumi

biskut

sviests

mentega

biezpiens

dadih

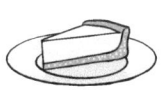

kūka

kek

ola

telur

cepta ola

telur goreng

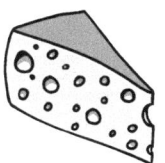

siers

keju

ēdiens - makanan

25

saldējums

ais krim

cukurs

gula

medus

madu

marmelāde

jem

riekstu krēms

krim nougat

karijs

kari

ēdiens - makanan

zemnieku saimniecība
ladang

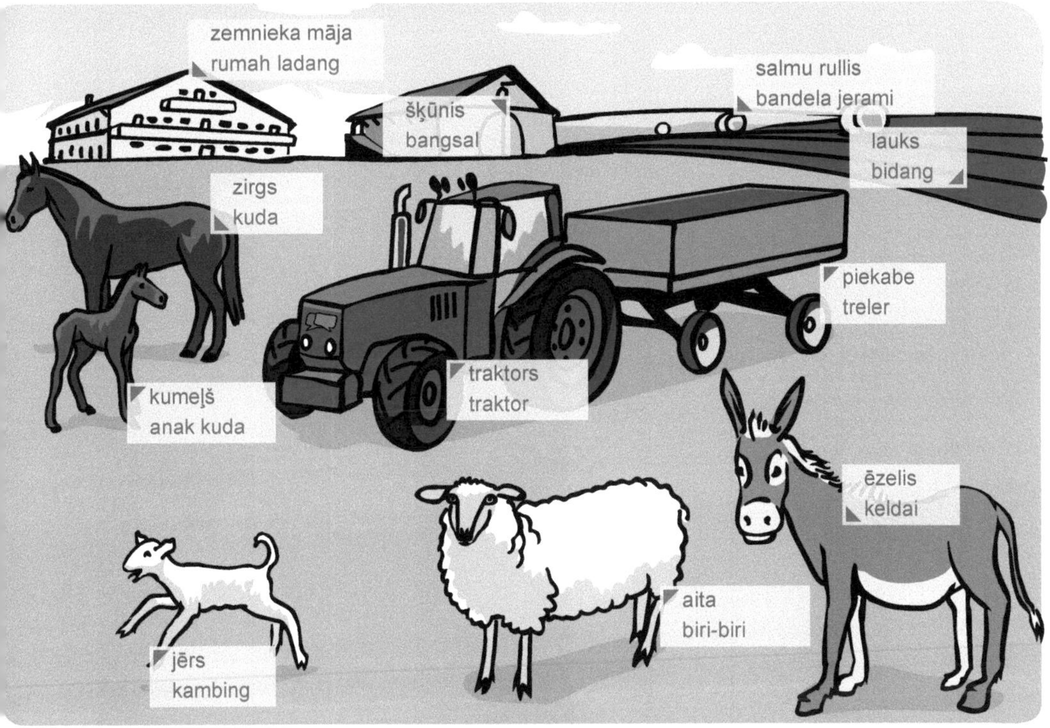

zemnieka māja
rumah ladang
šķūnis
bangsal
salmu rullis
bandela jerami
lauks
bidang
zirgs
kuda
piekabe
treler
traktors
traktor
kumeļš
anak kuda
ēzelis
keldai
aita
biri-biri
jērs
kambing

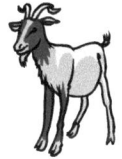

kaza
kambing

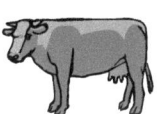

govs
lembu

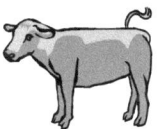

teļš
anak lembu

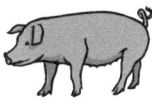

cūka
babi

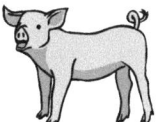

sivēns
anak babi

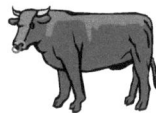

bullis
lembu

zoss

angsa

pīle

itik

cālis

anak ayam

vista

ayam betina

gailis

ayam jantan muda

žurka

tikus

kaķis

kucing

pele

tikus

vērsis

lembu jantan

suns

anjing

suņa būda

rumah anjing

dārza šļūtene

hos taman

lejkanna

bekas siraman

izkapts

sabit

arkls

bajak

sirpis

sabit

kaplis

cangkul

mēslu dakša

serampang peladang

cirvis

kapak

ķerra

kereta sorong

sile

palung

piena kanna

tin susu

maiss

karung

žogs

pagar

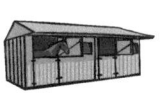

kūts

stabil

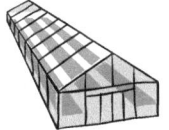

siltumnīca

rumah hijau

augsne

tanah

sēklas

benih

mēslojums

baja

kombains

jentuai

novākt ražu
tuai

raža
menuai

jamss
keladi

kvieši
gandum

soja
soya

kartupelis
kentang

kukurūza
jagung

rapsis
biji sawi

augļu koks
pokok buah-buahan

manioka
ubi kayu

labība
bijirin

māja

rumah

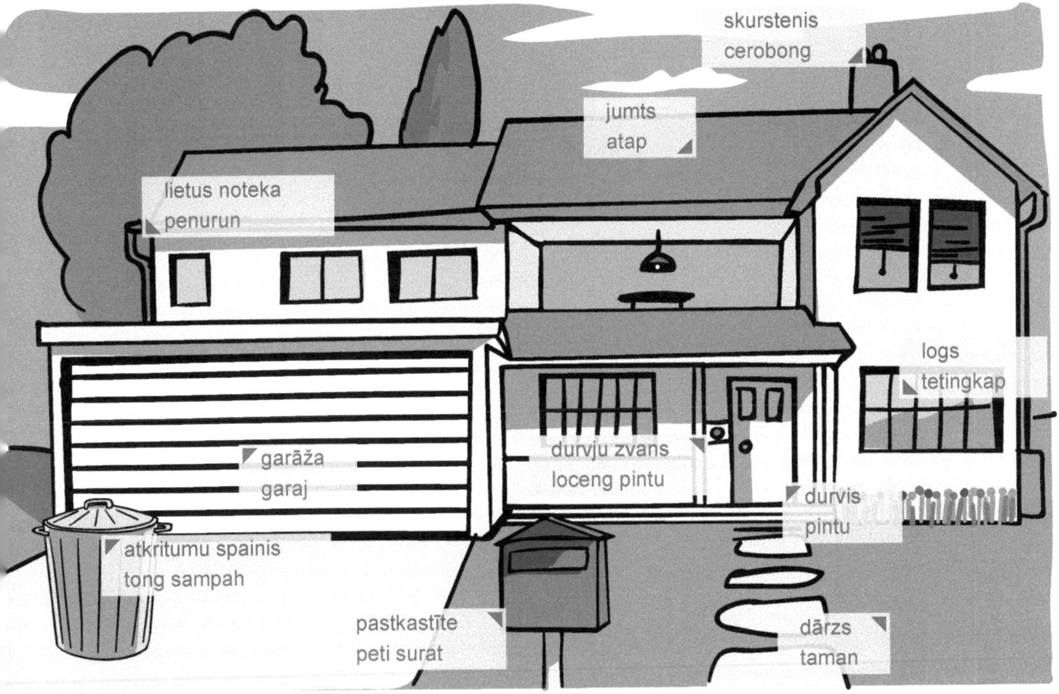

skurstenis
cerobong
jumts
atap
lietus noteka
penurun
logs
tetingkap
garāža
garaj
durvju zvans
loceng pintu
durvis
pintu
atkritumu spainis
tong sampah
pastkastīte
peti surat
dārzs
taman

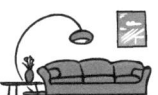

viesistaba

ruang tamu

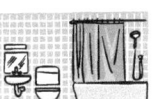

vannas istaba

bilik air

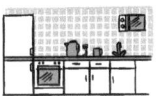

virtuve

dapur

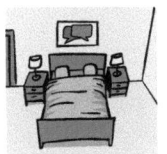

guļamistaba

bilik tidur

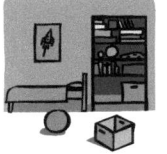

bērnu istaba

bilik kanak-kanak

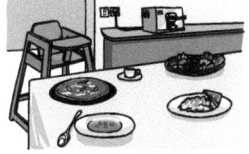

ēdamistaba

ruang makan

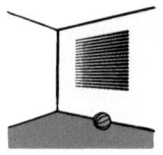

grīda

lantai

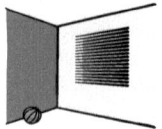

siena

dinding

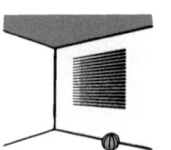

griesti

siling

pagrabs

bilik bawah tanah

sauna

sauna

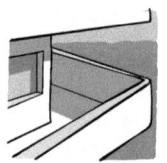

balkons

balkoni

terase

teres

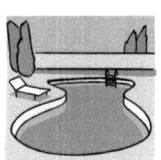

baseins

kolam renang

zāles pļāvējs

pemotong rumput

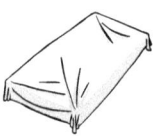

gultas veļa

lembaran

sega

penutup tilam

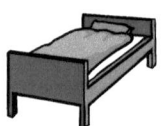

gulta

katil

slota

penyapu

spainis

timba

slēdzis

suis

viesistaba
ruang tamu

tapetes
kertas dinding
attēls
gambar
lampa
lampu
plaukts
rak
skapis
kabinet
televizors
televisyen
kamīns
pendiangan
puķe
bunga
spilvens
kusyen
dīvāns
sofa
vāze
pasu
tālvadības pults
alat kawalan jauh

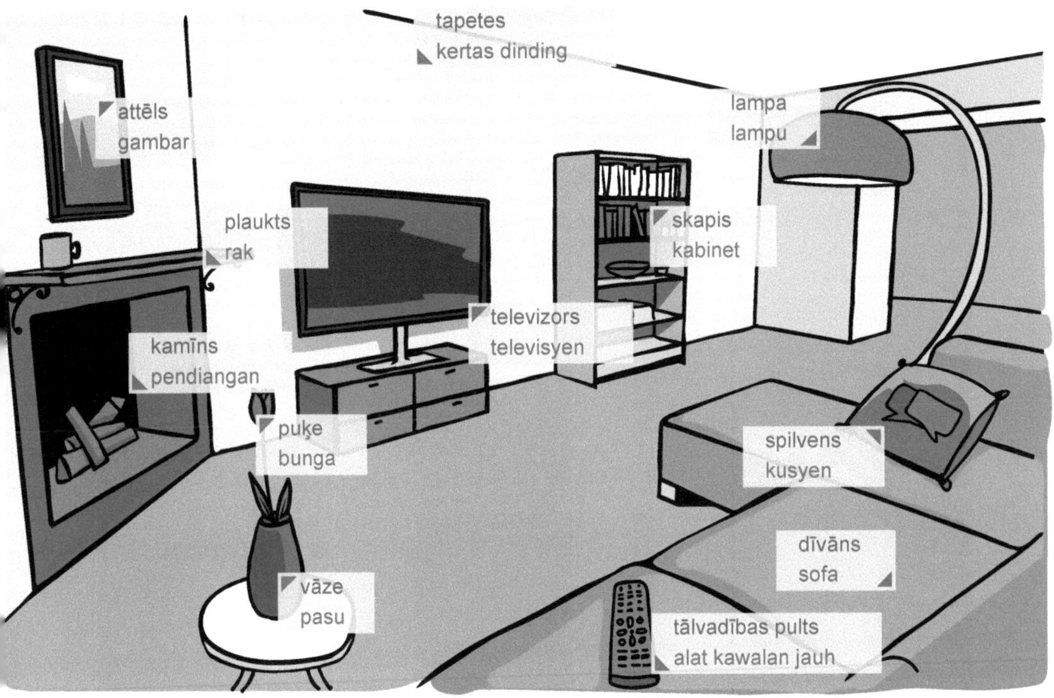

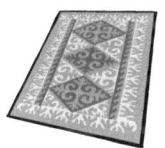

paklājs
permaidani

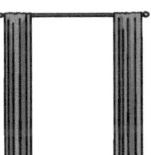

aizkars
tirai

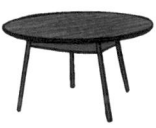

galds
meja

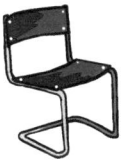

krēsls
kerusi

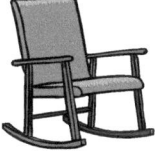

šūpuļkrēsls
kerusi malas

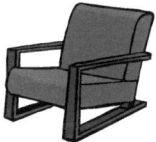

atpūtas krēsls
kerusi

grāmata

buku

sega

selimut

dekorācija

hiasan

malka

kayu api

filma

filem

mūzikas centrs

hi-fi

atslēga

kunci

avīze

akhbar

glezna

lukisan

plakāts

poster

radio

radio

pierakstu blociņš

buku catatan

putekļu sūcējs

penyedut habuk

kaktuss

kaktus

svece

lilin

virtuve
dapur

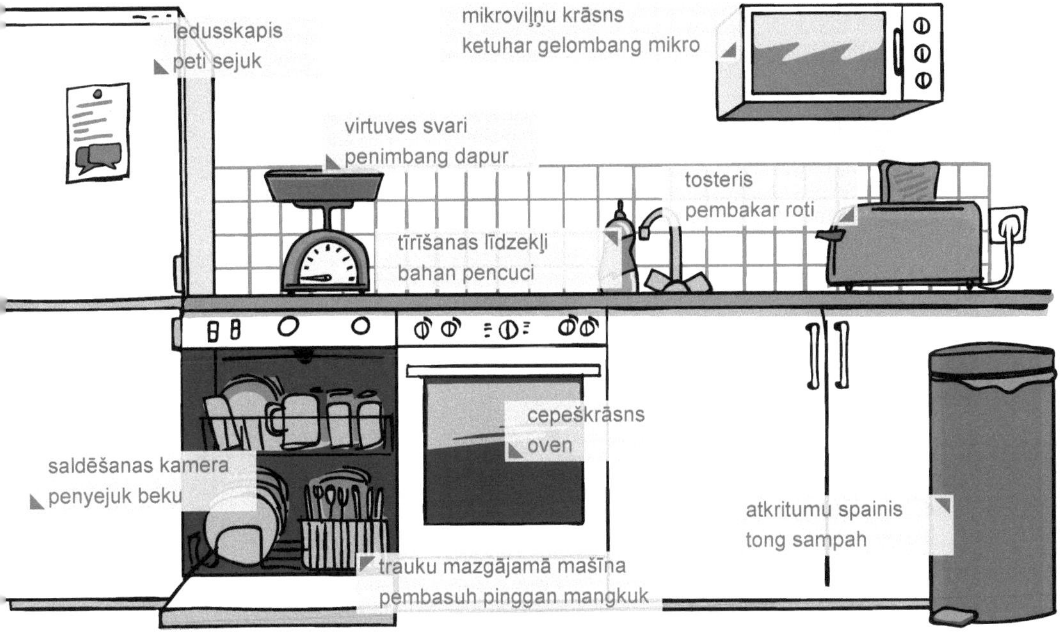
ledusskapis
peti sejuk
mikroviļņu krāsns
ketuhar gelombang mikro
virtuves svari
penimbang dapur
tosteris
pembakar roti
tīrīšanas līdzekļi
bahan pencuci
cepeškrāsns
oven
saldēšanas kamera
penyejuk beku
atkritumu spainis
tong sampah
trauku mazgājamā mašīna
pembasuh pinggan mangkuk

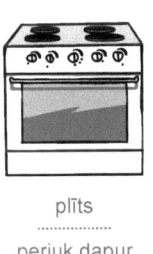

plīts
periuk dapur

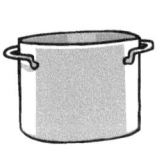

pods
periuk

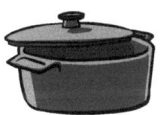

katls
periuk besi

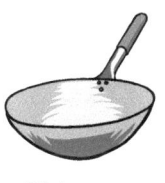

Wok panna
kuali

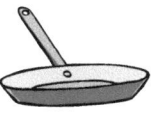

panna
pan

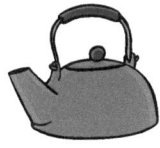

elektriskā tējkanna
cerek

tvaika katls

pengukus

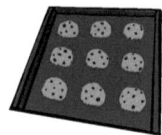

cepešpanna

dulang pembakar

trauki

pinggan mangkuk

krūze

koleh

bļoda

mangkuk

irbulīši

penyepit

kauss

senduk

lāpstiņa

spatula

putošanas slotiņa

pengadun

sietiņš

penapis

siets

ayak

rīve

pemarut

piesta

mortar

grilēt

barbeku

atklāts pavards

pembakaran terbuka

dēlis

papan pencincang

mīklas rullis

pin golekan

korķu vilķis

skru gabus

bundža

tin

konservu nazis

pembuka tin

virtuves cimdi

pemegang periuk

izlietne

sinki

birste

berus

sūklis

span

mikseris

pengisar

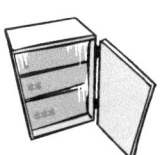

saldētava

penyejuk beku

bērna pudelīte

botol bayi

ūdenskrāns

paip

vannas istaba
bilik air

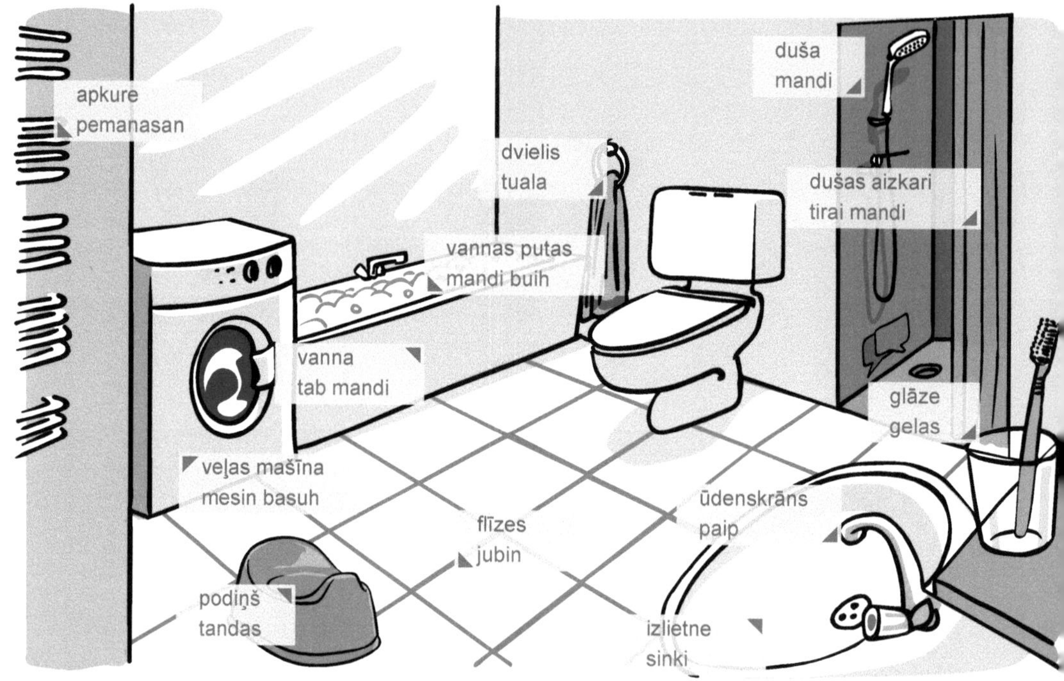
apkure
pemanasan
dvielis
tuala
duša
mandi
dušas aizkari
tirai mandi
vannas putas
mandi buih
vanna
tab mandi
glāze
gelas
veļas mašīna
mesin basuh
ūdenskrāns
paip
flīzes
jubin
podiņš
tandas
izlietne
sinki

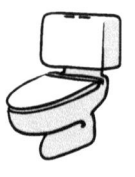

tualetes pods

tandas

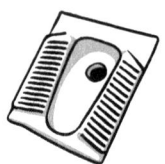

Āzijas tipa tualete

tandas mencangkung

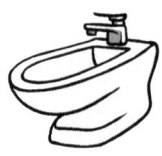

bidē

mangkuk tandas

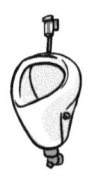

pisuārs

tandas awam

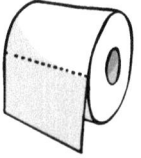

tualetes papīs

kertas tandas

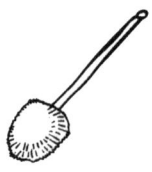

tualetes birste

berus tandas

zobu birste

berus gigi

zobu pasta

ubat gigi

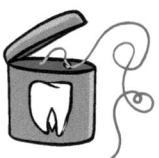

zobu diegs

flos gigi

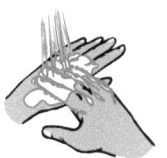

mazgāt

cuci

rokas duša

mandian tangan

duša

pancuran

bļoda

besen

muguras mazgāšanas birste

belakang berus

ziepes

sabun

dušas želeja

gel mandian

šampūns

syampu

mazgāšanas drāna

flanel

noteka

longkang

krēms

krim

dezodorants

deodoran

spogulis
cermin

spogulītis
cermin tangan

skuveklis
pisau cukur

skūšanās putas
busa cukur

losjons pēc skūšanās
selepas cukur

ķemme
sikat

matu suka
berus

matu fēns
pengering rambut

matu laka
semburan rambut

grima komplekts
mekap

lūpu krāsa
gincu

nagulaka
varnis kuku

vate
bulu kapas

šķērītes
gunting kuku

smaržas
pewangi

kosmētikas maks

beg basuhan

ķeblītis

bangku

svari

skala berat

halāts

jubah mandi

tīrīšanas cimdi

sarung tangan getah

tampons

kapas

pakete

tuala wanita

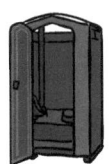

ķīmiskā tualete

tandas kimia

bērnu istaba
bilik kanak-kanak

modinātājs
jam loceng
mīkstā rotaļlieta
mainan kegemaran
spēļu automašīna
kereta mainan
grabulis
kerincing bayi
leļļu māja
rumah anak patung
dāvana
hadiah

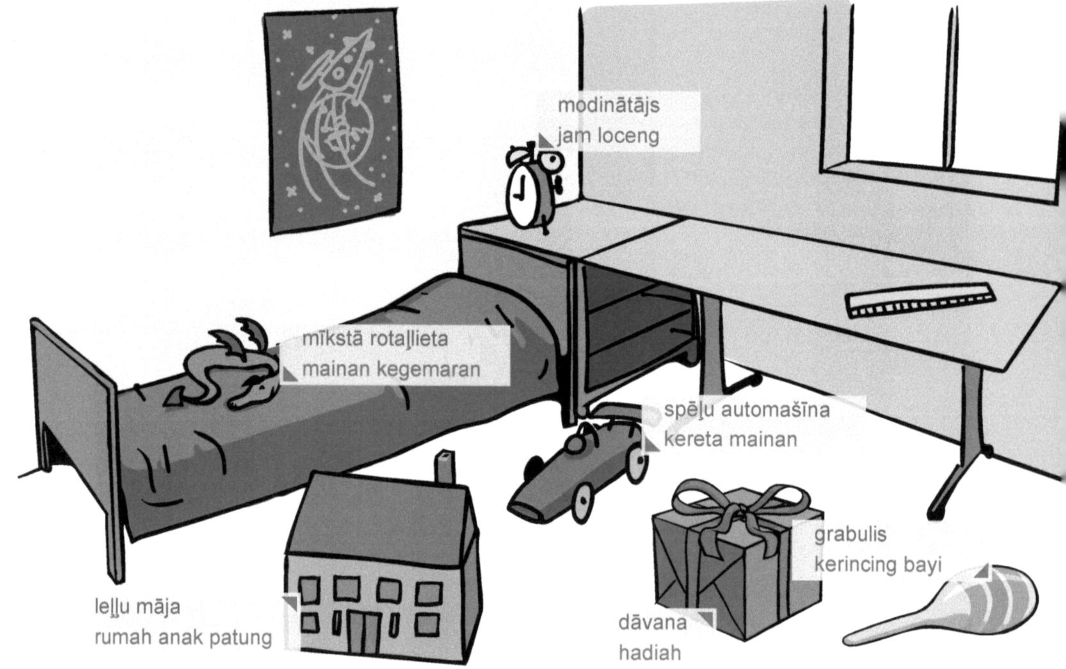

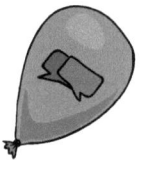

balons
belon

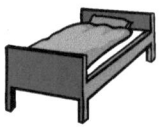

gulta
katil

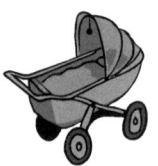

bērnu ratiņi
kereta sorong bayi

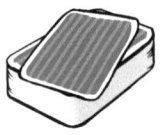

kārtis
set kad

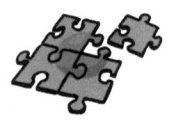

puzle
susun suai gambar

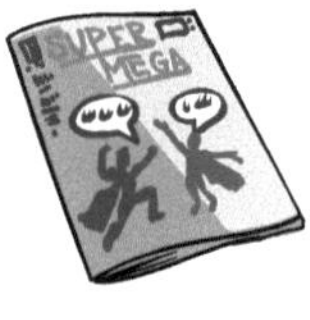

komikss
komik

LEGO klucīši

batu bata lego

klucīši

blok mainan

varoņu figūra

figura aksi

rāpulītis

baju bayi

lidojošais šķīvītis

frisbee

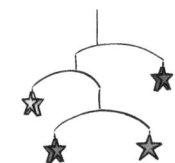

muzikālais karuselis

mainan bayi mudah alih

galda spēle

permainan papan

metamais kauliņš

dadu

rotaļu dzelzceļš

set model kereta api

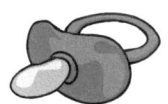

māneklis

palsu

ballīte

parti

bilžu grāmata

buku bergambar

bumba

bola

lelle

anak patung

spēlēt

main

smilšu kaste

lubang pasir

šūpoles

buai

rotaļlietas

mainan

spēļu konsole

konsol permainan video

trīsritenis

basikal roda tiga

plīša lācītis

anak patung beruang

drēbju skapis

almari pakaian

apģērbs
pakaian

īszeķes

stoking

zeķes

stoking

zeķbikses

ketat

šalle
skarf

lietussargs
payung

.../keselamatan

T-krekls
kemeja-t

zābaks
but

čības
selipar

botas
kasut sukan

sandales

sandal

kurpes

kasut

gumijas zābaki

but getah

apakšbikses

seluar dalam

krūšturis

coli

apakškrekls

ves

apģērbs - pakaian

bodijs

badan

bikses

Seluar panjang

džinsi

jean

svārki

skirt

blūze

blaus

krekls

kemeja

pulovers

baju panas sarung

džemperis

sweater

žakete

blazer

jaka

jaket

mētelis

kot

lietus mētelis

baju hujan

kostīms

kostum

kleita

pakaian

kāzu kleita

baju pengantin

apģērbs - pakaian

uzvalks

sut

naktskrekls

baju tidur

pidžama

baju tidur

sari

sari

lakats

skarf kepala

turbāns

serban

burka

burqa

kaftāns

kaftan

abaja

abaya/jubah

peldkostīms

baju renang

peldbikses

seluar renang

šorti

seluar pendek

treniņtērps

sut balapan

priekšauts

apron

cimdi

sarung tangan

apģērbs - pakaian

poga

butang

brilles

cermin mata

rokassprādze

gelang tangan

kaklarota

rantai leher

gredzens

cincin

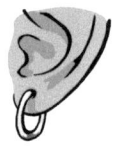

auskars

subang

cepure

topi

drēbju pakaramais

penyangkut kot

platmale

topi

kaklasaite

tali leher

rāvējslēdzējs

zip

ķivere

topi keledar

bikšturi

pendakap

skolas forma

uniform sekolah

uniforma

seragam

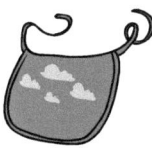

priekšautiņš

lapik dada

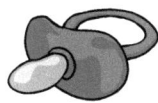

māneklis

palsu

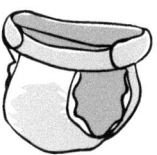

autiņbiksītes

lampin

birojs

pejabat

serveris
pelayan
dokumentu skapis
kabinet fail
printeris
mesin pencetak
papīrs
kertas
monitors
monitor
pele
tetikus
rakstāmgalds
meja
dokumentu vāki
folder
klaviatūra
papan kekunci
papīrgrozs
bakul sampah
dators
komputer
krēsls
kerusi

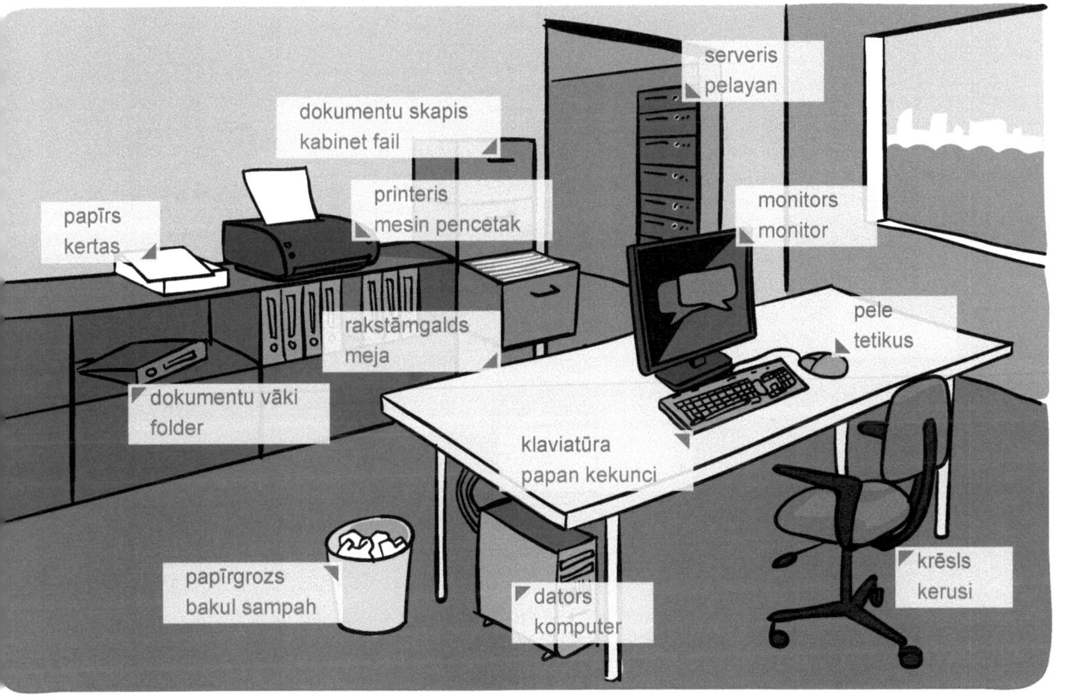

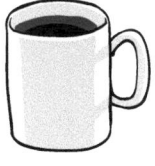

kafijas krūze

cawan kopi

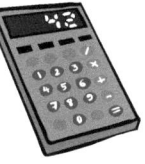

kalkulators

kalkulator

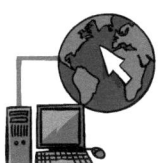

internets

internet

portatīvais dators

komputer riba

vēstule

surat

ziņa

mesej

mobilais tālrunis

mudah alih

tīkls

rangkaian

kopētājs

mesin fotokopi

programmatūra

perisian

telefons

telefon

rozete

soket plag

faksa aparāts

mesin faks

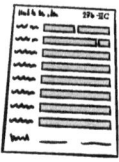

formulārs

bentuk

dokuments

dokumen

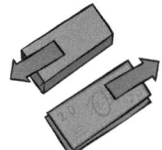

pirkt

beli

samaksāt

bayar

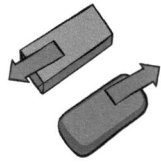

tirgot

berdagang

nauda

wang

dolārs

dolar

eiro

euro

jēna

yen

rublis

rubel

franks

franc swiss

juaņa renminbi

renminbi yuan

rūpija

rupee

bankomāts

mata tunai

valūtas maiņas punkts

pejabat tukaran mata wang

zelts

emas

sudrabs

perak

nafta

minyak

enerģija

tenaga

cena

harga

līgums

kontrak

nodoklis

cukai

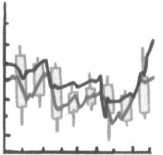

akcija

stok

strādāt

kerja

darbinieks

pekerja

darba devējs

majikan

fabrika

kilang

veikals

kedai

ugunsdzēsējs
ahli bomba

policists
pegawai polis

pavārs
tukang masak

ārsts
doktor

pilots
juruterbang

dārznieks

tukang kebun

galdnieks

tukang kayu

šuvēja

tukang jahit

tiesnesis

hakim

ķīmiķis

ahli kimia

aktieris

pelakon

autobusa vadītājs

pemandu bas

taksometra vadītājs

pemandu teksi

zvejnieks

nelayan

apkopēja

wanita pencuci

jumiķis

kasau

viesmīlis

pelayan

mednieks

pemburu

gleznotājs

pelukis

maiznieks

bakeri

elektriķis

juruelektrik

celtnieks

pembangun

inženieris

jurutera

miesnieks

penjual daging

skārdnieks

tukang paip

pastnieks

posmen

karavīrs

askar

arhitekts

arkitek

kasieris

juruwang

florists

kedai bunga

frizieris

pendandan rambut

konduktors

konduktor

mehāniķis

mekanik

kapteinis

kapten

zobārsts

doktor gigi

zinātnieks

ahli sains

rabīns

tuhanku

imāms

imam

mūks

sami

mācītājs

paderi

instrumenti
alat

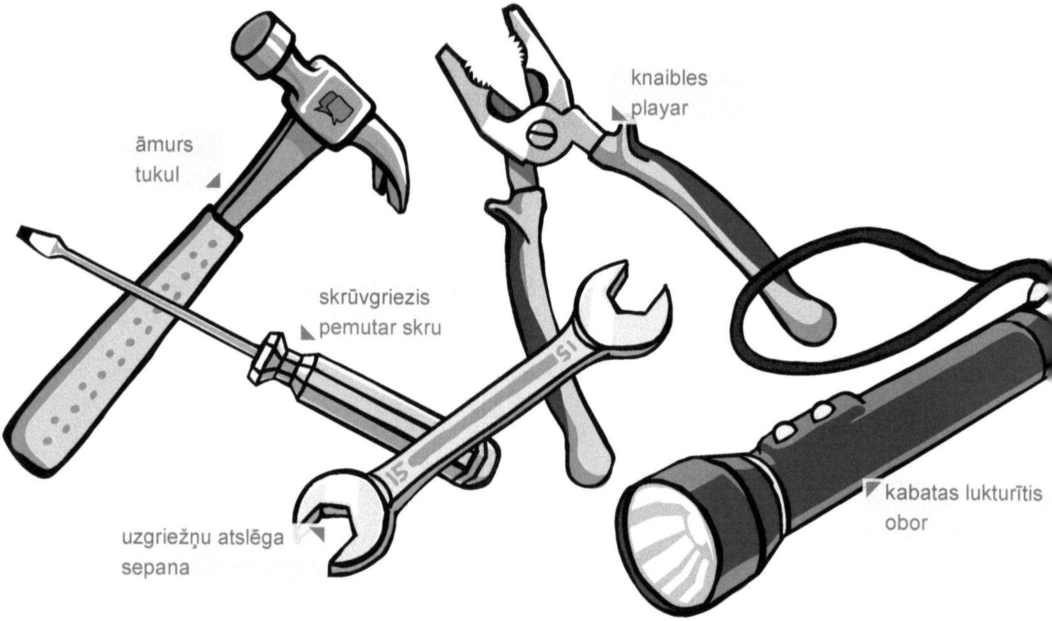

āmurs
tukul
knaibles
playar
skrūvgriezis
pemutar skru
uzgriežņu atslēga
sepana
kabatas lukturītis
obor

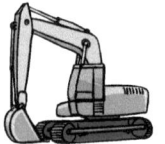

ekskavators

pengorek

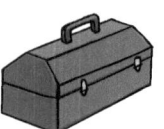

instrumentu kaste

kotak peralatan

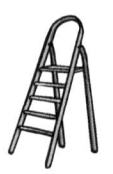

kāpnes

tangga

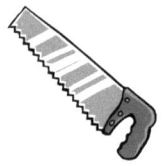

zāģis

gergaji

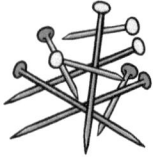

naglas

kuku

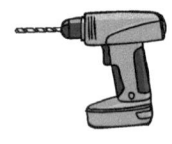

urbis

gerudi

remontēt
......
baiki

lāpsta
......
penyodok

Velns!
......
Celaka!

liekšķere
......
penadah sampah

krāsas bundža
......
periuk cat

skrūves
......
skru

mūzikas instrumenti
alat muzik

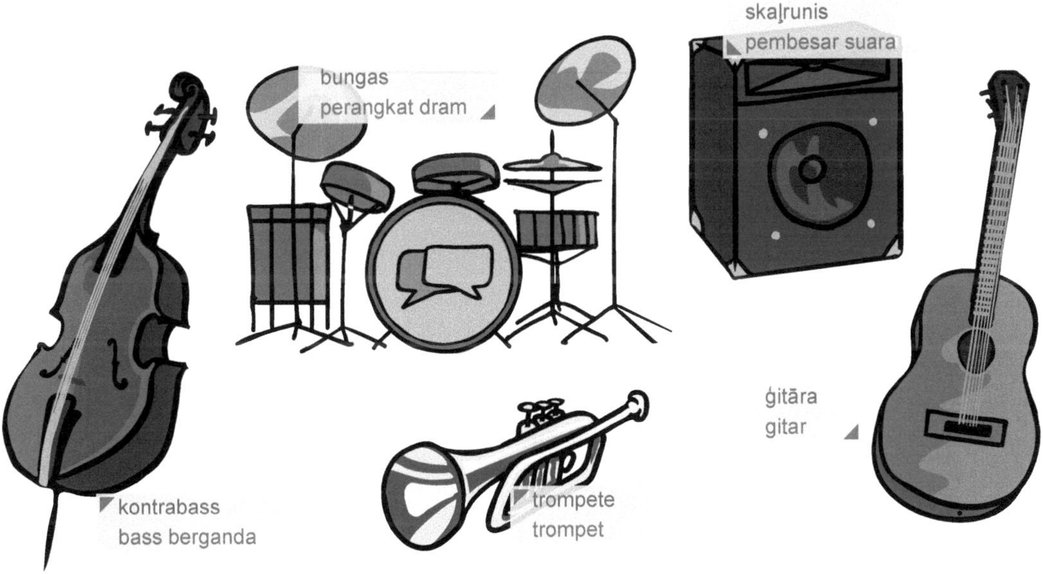

skaļrunis
pembesar suara

bungas
perangkat dram

ģitāra
gitar

kontrabass
bass berganda

trompete
trompet

klavieres

piano

vijole

biola

bass

bass

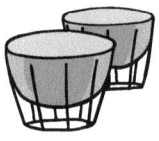

timpāni

timpani

bungas

dram

digitālās klavieres

papan kekunci

saksofons

saksofon

flauta

seruling

mikrofons

mikrofon

zooloģiskais dārzs

zoo

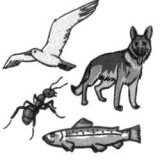

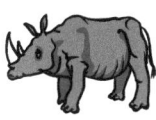

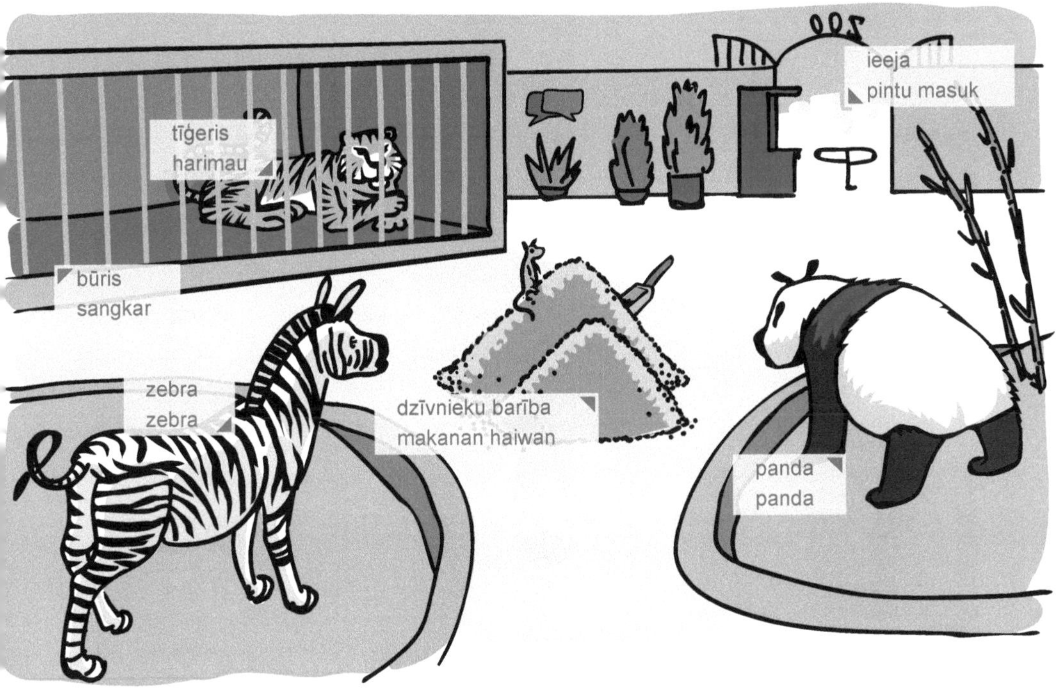

ieeja
pintu masuk
tīģeris
harimau
būris
sangkar
zebra
zebra
dzīvnieku barība
makanan haiwan
panda
panda

dzīvnieki

haiwan

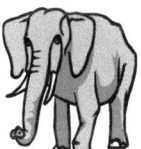

zilonis

gajah

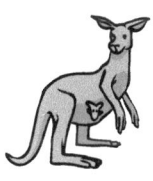

ķengurs

kanggaru

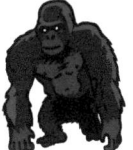

degunradzis

badak sumbu

gorilla

gorila

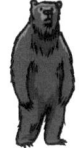

lācis

beruang

kamielis

unta

strauss

burung unta

lauva

singa

pērtiķis

monyet

flamings

flamingo

papagailis

nuri

polārlācis

beruang kutub

pingvīns

penguin

haizivs

yu

pāvs

merak

čūska

ular

krokodils

buaya

zoodārza sargs

penjaga zoo

ronis

anjing laut

jaguārs

jaguar

ponijs

kuda

leopards

harimau

nīlzirgs

badak air

žirafe

zirafah

ērglis

helang

meža cūka

babi jantan

zivs

ikan

bruņurupucis

penyu

valzirgs

anjing laut

lapsa

musang

gazele

rusa

amerikāņu futbols
bola sepak Amerika

riteņbraukšana
berbasikal

teniss
tenis

basketbols
bola keranjang

peldēšana
renang

bokss
tinju

hokejs
hoki ais

futbols

bola sepak

badmintons

badminton

vieglatlētika

olahraga

rokas bumba

bola baling

slēpošana

ski

polo

polo

smieties
ketawa

lēkt
lompat

apskaut
peluk

iet
berjalan

dziedāt
menyanyi

sapņot
mimpi

lūgt
berdoa

skūpstīt
cium

rakstīt
tulis

zīmēt
lukis

rādīt
tunjuk

spiest
tolak

dot
beri

ņemt
ambil

būt
ada

darīt
buat

būt
ialah

stāvēt
berdiri

skriet
lari

vilkt
tarik

mest
buang

krist
jatuh

gulēt
tipu

gaidīt
tunggu

nest
bawa

sēdēt
duduk

uzģērbt
pakai

gulēt
tidur

pamosties
bangkit

skatīties

lihat pada

raudāt

menangis

glāstīt

strok

ķemmēt

sikat

runāt

cakap

saprast

faham

jautāt

tanya

dzirdēt

dengar

dzert

minum

ēst

makan

sakārtot

mengemas

mīlēt

sayang

vārīt

masak

braukt

pandu

lidot

terbang

burot

belayar

rēķināt

kira

lasīt

baca

mācīties

belajar

strādāt

kerja

precēties

nikah

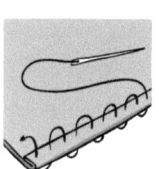

šūt

jahit

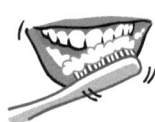

tīrīt zobus

memberus gigi

nogalināt

bunuh

smēķēt

asap

sūtīt

hantar

ģimene
keluarga

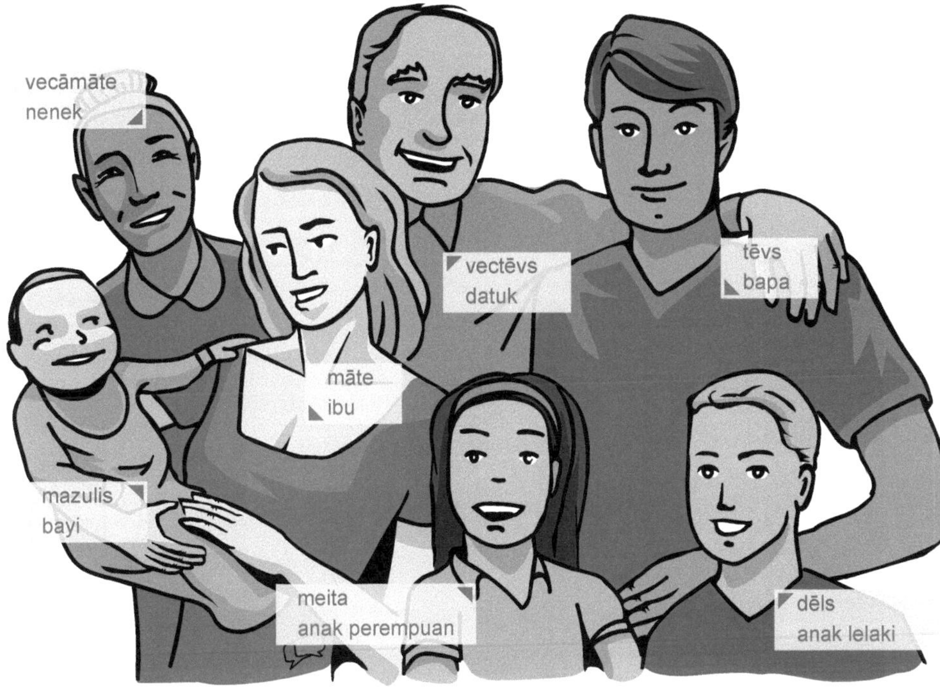
vecāmāte
nenek
vectēvs
datuk
tēvs
bapa
māte
ibu
mazulis
bayi
meita
anak perempuan
dēls
anak lelaki

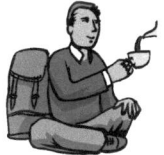

viesis

tetamu

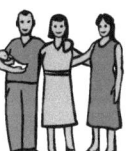

tante

mak cik

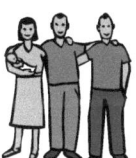

onkulis

pak cik

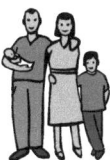

brālis

abang

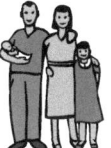

māsa

kakak

ķermenis
badan

piere
dahi
acs
mata
seja
muka
zods
dagu
krūtis
dada
pirksts
jari
roka
tangan
roka
lengan
plecs
bahu
kāja
kaki

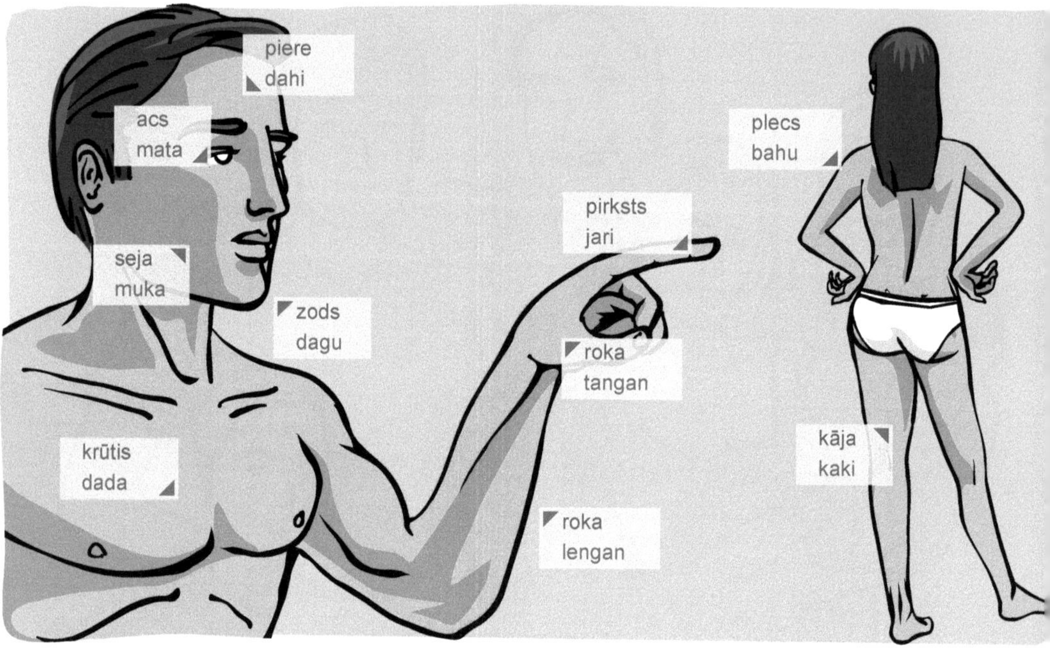

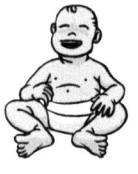

mazulis
bayi

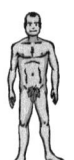

vīrietis
lelaki

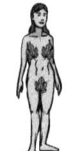

sieviete
wanita

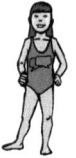

meitene
perempuan

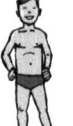

zēns
lelaki

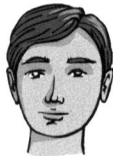

galva
kepala

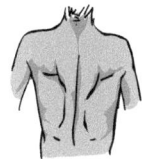

mugura

belakang

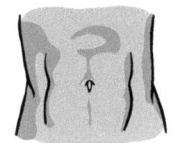

vēders

bawah perut

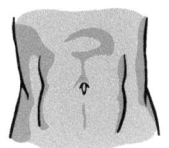

naba

pusat

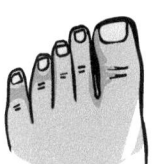

kājas pirksts

jari kaki

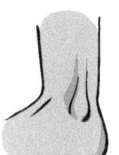

papēdis

tumit

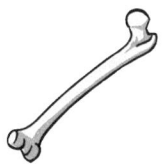

kauls

tulang

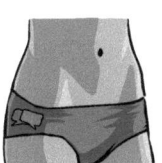

gurns

pinggul

celis

lutut

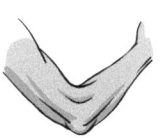

elkonis

siku

deguns

hidung

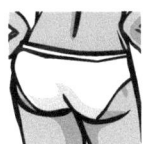

dibens

bawah

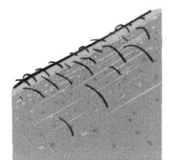

āda

kulit

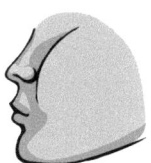

vaigs

pipi

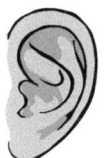

auss

telinga

lūpa

bibir

mute

mulut

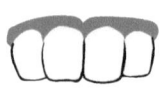

zobs

gigi

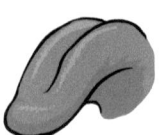

mēle

lidah

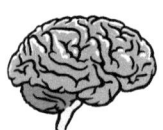

smadzenes

otak

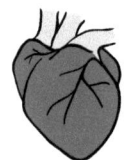

sirds

hati

muskulis

otot

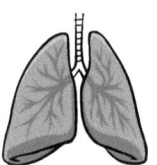

plaušas

paru-paru

aknas

hati

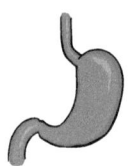

kuņģis

perut

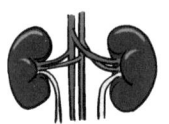

nieres

buah pinggang

dzimumakts

seks

kondoms

kondom

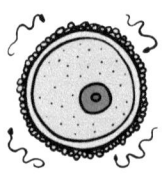

olšūna

faraj

sperma

mani

grūtniecība

mengandung

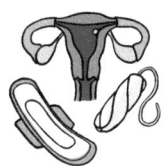

menstruācijas

haid

vagīna

faraj

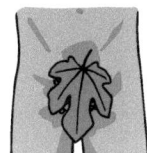

penis

penis

uzacs

kening

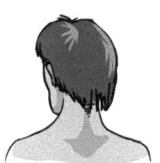

mati

rambut

kakls

leher

slimnīca
hospital

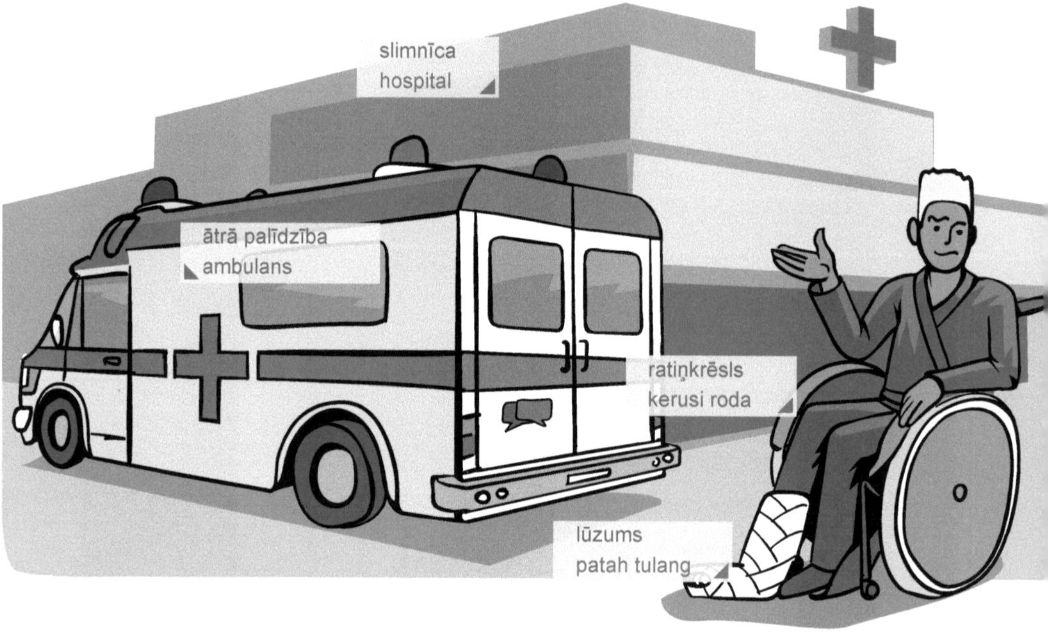

slimnīca
hospital
ātrā palīdzība
ambulans
ratiņkrēsls
kerusi roda
lūzums
patah tulang

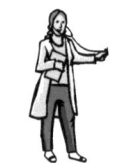

ārsts

doktor

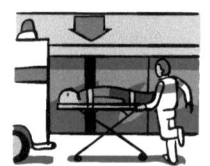

neatliekamās palīdzības nodaļa

bilik kecemasan

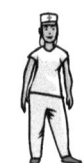

medmāsa

jururawat

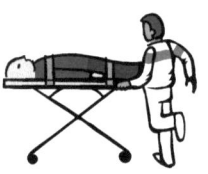

ārkārtas gadījums

kecemasan

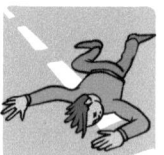

paģībis

tak sedar

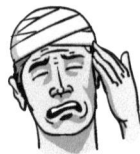

sāpes

sakit

ievainojums

kecederaan

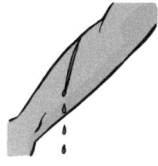

asiņošana

pendarahan

sirdslēkme

serangan jantung

insults

strok

alerģija

alergi

klepus

batuk

temperatūra

demam

gripa

selesema

caureja

cirit-birit

galvassāpes

sakit kepala

vēzis

kanser

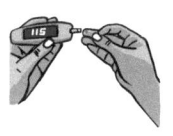

diabēts

diabetes

ķirurgs

pakar bedah

skalpelis

pisau bedah

operācija

pembedahan

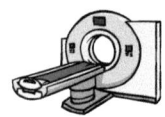

datortomogrāfija

CT

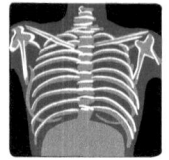

rentgents

x-ray

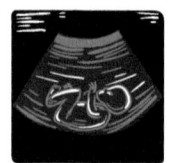

ultraskaņa

ultrabunyi

sejas maska

topeng muka

slimība

penyakit

uzgaidāmā telpa

bilik menunggu

kruķis

penongkat

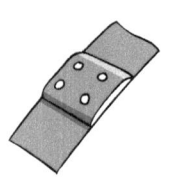

plāksteris

plaster

apsējs

pembalut

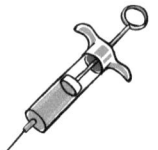

injekcija

suntikan

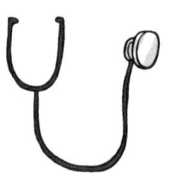

stetoskops

stetoskop

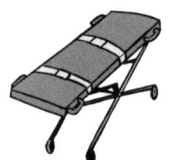

nestuves

pengusung

termometrs

termometer klinik

dzemdības

kelahiran

liekais svars

berat badan berlebihan

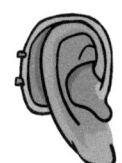

dzirdes aparāts
alat pendengaran

dezinfekcijas līdzeklis
disinfektan

infekcija
jangkitan

vīruss
virus

HIV / AIDS
HIV / AIDS

zāles
perubatan

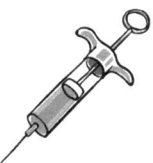

pote
vaksinasi

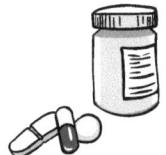

tabletes
tablet

pretapauglošanās tablete
pil

ārkārtas izsaukums
panggilan kecemasan

asinsspiediena mērītājs
pantau tekanan darah

slims / vesels
sakit / sihat

Palīgā!

Tolong!

trauksme

penggera

uzbrukums

serang

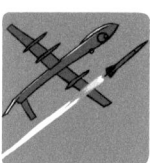

uzbrukums

serangan

bīstamība

bahaya

avārijas izeja

pintu kecemasan

Uguns!

Api!

ugunsdzēšamais aparāts

alat pemadam api

negadījums

kemalangan

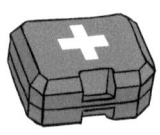

pirmās palīdzības aptieciņa

alat pertolongan cemas

SOS

SOS

policija

polis

Eiropa

Eropah

Ziemeļamerika

Amerika Utara

Dienvidamerika

Amerika Selatan

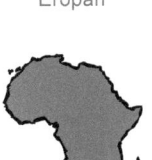

Āfrika

Afrika

Āzija

Asia

Austrālija

Australia

Atlantijas okeāns

Atlantic

Klusais okeāns

Pasifik

Indijas okeāns

Lautan Hindi

Dienvidu okeāns

Lautan Antartik

Ziemeļu ledus okeāns

Lautan Artik

Ziemeļpols

Kutub utara

Dienvidpols

Kutub Selatan

Antarktika

Antartika

zeme

bumi

zeme

tanah

jūra

laut

sala

pulau

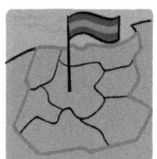

nācija

negara

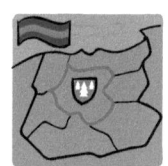

valsts

negeri

zeme - bumi

ciparnīca

muka jam

stundu rādītājs

tangan jam

minūšu rādītājs

tangan minit

sekunžu rādītājs

terpakai

Cik ir pulkstenis?

Jam berapa sekarang

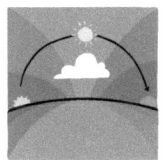

diena

hari

laiks

masa

tagad

sekarang

digitālais pulkstenis

jam digital

minūte

minit

stunda

jam

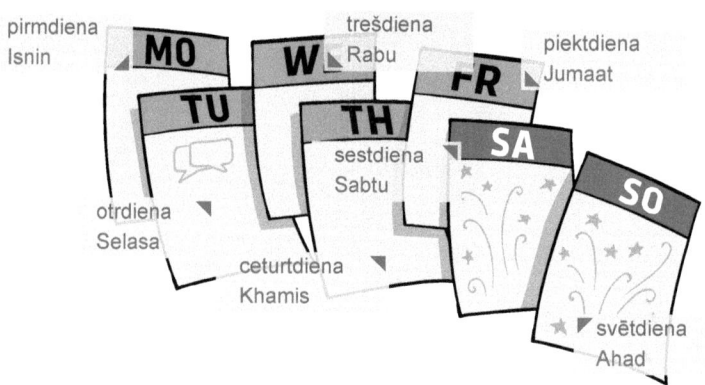

pirmdiena
Isnin

otrdiena
Selasa

trešdiena
Rabu

ceturtdiena
Khamis

piektdiena
Jumaat

sestdiena
Sabtu

svētdiena
Ahad

vakardien

semalam

šodien

hari ini

rītdien

esok

rīts

pagi

pusdienlaiks

tengah hari

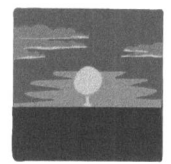

vakars

petang

MO	TU	WE	TH	FR	SA	SU
1	2	3	4	5	6	7
8	9	10	11	12	13	14
15	16	17	18	19	20	21
22	23	24	25	26	27	28
29	30	31	1	2	3	4

darbadienas

hari kerja

MO	TU	WE	TH	FR	SA	SU
1	2	3	4	5	6	7
8	9	10	11	12	13	14
15	16	17	18	19	20	21
22	23	24	25	26	27	28
29	30	31	1	2	3	4

brīvdienas

hari minggu

gads
tahun

varavīksne
pelangi
lietus
hujan
sniegs
salji
vējš
angin
pavasaris
musim bunga
rudens
musim luruh
vasara
musim panas
ziema
musim salji

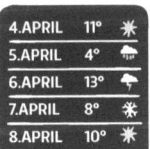

4.APRIL 11°
5.APRIL 4°
6.APRIL 13°
7.APRIL 8°
8.APRIL 10°

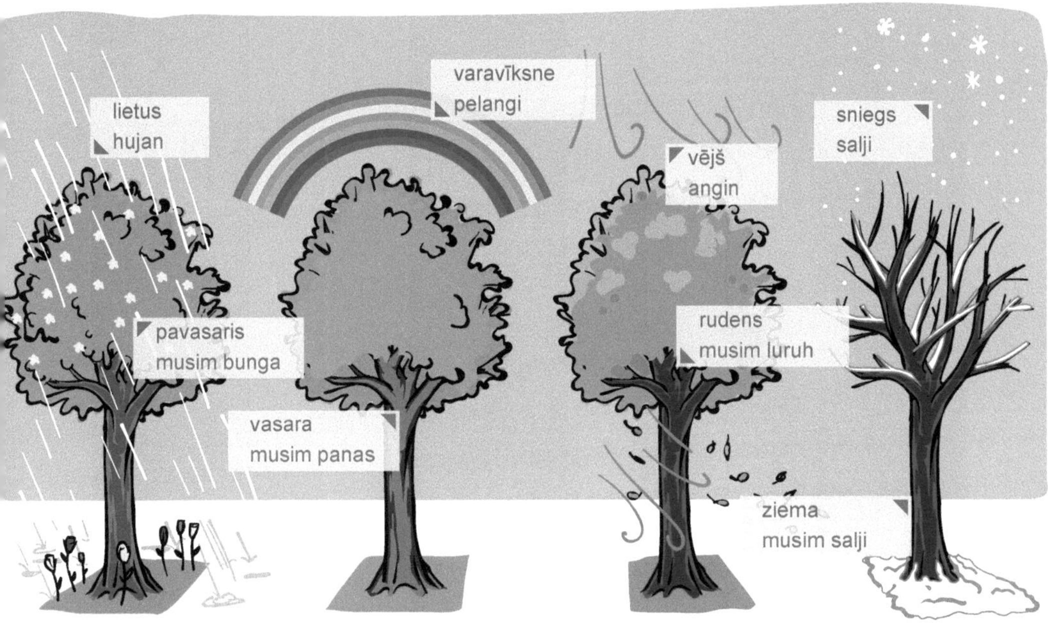

laika prognoze
ramalan cuaca

F
C
120
90
60
30
0
-30
40
30
20
10
0
-10
-20

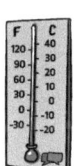

termometrs
termometer

saules gaisma
sinar matahari

mākonis
awan

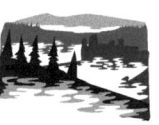

migla
kabus

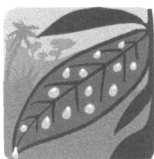

gaisa mitrums
lembapan

zibens

kilat

pērkons

petir

vētra

ribut

krusa

hujan batu

musons

monsun

plūdi

banjir

ledus

ais

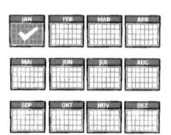

janvāris

Januari

februāris

Februari

marts

Mac

aprīlis

April

maijs

Mei

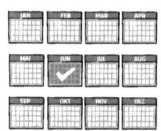

jūnijs

Jun

jūlijs

Julai

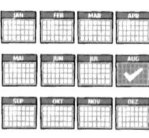

augusts

Ogos

gads - tahun

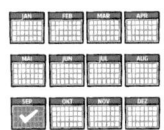

septembris

September

oktobris

Oktober

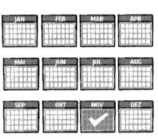

novembris

November

decembris

Disember

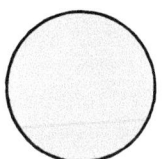

aplis

bulatan

kvadrāts

petak

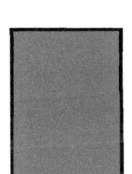

četrstūris

segi empat tepat

trīsstūris

segitiga

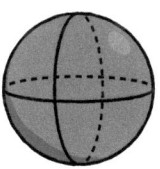

lode

sfera

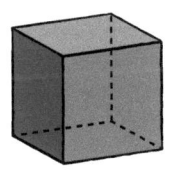

kubs

kiub

balts

putih

dzeltens

kuning

oranžs

oren

sārts

merah jambu

sarkans

merah

lillā

ungu

zils

biru

zaļš

hijau

brūns

coklat

pelēks

kelabu

melns

hitam

daudz / maz

banyak / sedikit

saniknots / miermīlīgs

marah / tenang

skaists / neglīts

cantik / hodoh

sākums / beigas

bermula / tamat

liels / mazs

besar kecil

gaišs / tumšs

terang / gelap

brālis / māsa

abang / kakak

tīrs / netīrs

bersih / kotor

pilnīgs / nepilnīgs

lengkap / tidak lengkap

diena / nakts

hari / malam

miris / dzīvs

mati / hidup

plats / šaurs

luas / sempit

baudāms / nebaudāms

boleh dimakan / tidak boleh dimakan

nikns / laipns

jahat / baik

satraukts / garlaikots

teruja / bosan

resns / tievs

gemuk / kurus

pirmais /pēdējais

pertama / terakhir

draugs / ienaidnieks

kawan / musuh

pilns / tukšs

penuh / kosong

ciets / mīksts

keras / lembut

smags / viegls

berat / ringan

izsalkums / slāpes

lapar / dahaga

slims / vesels

sakit / sihat

nelegāls / legāls

menyalahi undang-undang / undang-undang

inteliģents / dumjš

pintar / bodoh

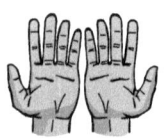

kreisais / labais

kiri / kanan

tuvu / tālu

dekat / jauh

jauns / lietots

baru / lama

nekas / kaut kas

tiada / sesuatu

vecs / jauns

tua / muda

ieslēgts / izslēgts

hidup / mati

atvērts / slēgts

terbuka / tertutup

kluss / skaļš

diam / bising

bagāts / nabags

kaya / miskin

pareizi / nepareizi

betul / salah

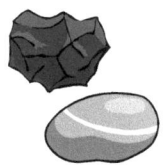

raupjš / gluds

kasar / halus

noskumis / laimīgs

sedih / gembira

īss / garš

pendek / panjang

lēns / ātrs

lambat / laju

slapjš / sauss

basah / kering

silts / vēss

panas / sejuk

karš / miers

berperang / berdamai

0

nulle

sifar

1

viens

satu

2

divi

dua

3

trīs

tiga

4

četri

empat

5

pieci

lima

6

seši

enam

7

septiņi

tujuh

8

astoņi

lapan

9

deviņi

sembilan

10

desmit

sepuluh

11

vienpadsmit

sebelas

12

divpadsmit

dua belas

13

trīspadsmit

tiga belas

14

četrpadsmit

empat belas

15

piecpadsmit

lima belas

16

sešpadsmit

enam belas

17

septiņpadsmit

tujuh belas

18

astoņpadsmit

lapan belas

19

deviņpadsmit

Sembilan belas

20

divdesmit

dua puluh

100

simts

ratus

1.000

tūkstotis

ribu

1.000.000

miljons

juta

bahasa-bahasa

anglu

Bahasa Inggeris

amerikāņu anglu

Bahasa Inggeris Amerika

ķīniešu mandarīnu valoda

Bahasa Cina Mandarin

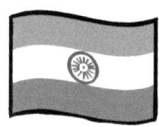

hindi

Bahasa Hindi

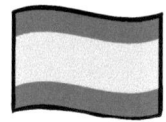

spāņu

Bahasa Sepanyol

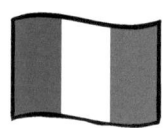

frančlu

Bahasa Perancis

arābu

Bahasa Arab

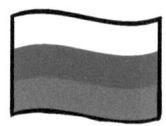

krievu

Bahasa Rusia

portugāļu

Bahasa Portugis

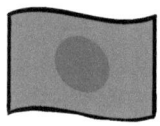

bengāļu

Bahasa Benggali

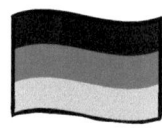

vācu

Bahasa Jerman

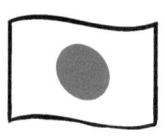

japāņu

Bahasa Jepun

es
saya

tu
anda

viņš / viņa
dia / dia / ia

mēs
kita

jūs
anda

viņi / viņas
mereka

kas?
siapa?

ko?
apa?

kā?
bagaimana?

kur?
di mana?

kad?
bila?

vārds
nama

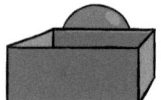

aiz

belakang

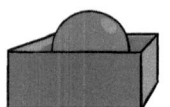

iekšā

dalam

priekšā

di hadapan

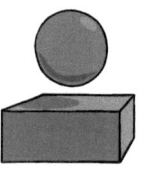

virs

lebih

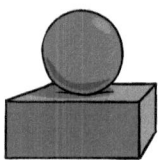

uz

pada

zem

di bawah

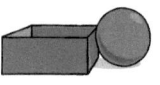

blakus

bersebelahan

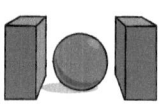

starp

antara

vieta

tempat